tredition®

www.tredition.de

AF186416

Justin Damke & Sascha Gahl

Erwachsen, aber finanziell nicht klug?!

"Was wir von einem Teenager noch lernen können"

www.tredition.de

© 2019 Justin Damke, Sascha Gahl

Verlag und Druck: tredition GmbH, Halenreie 40-44, 22359 Hamburg

ISBN
Paperback: 978-3-7497-7291-9
Hardcover: 978-3-7497-7292-6
e-Book: 978-3-7497-7293-3

Das Werk, einschließlich seiner Teile, ist urheberrechtlich geschützt. Jede Verwertung ist ohne Zustimmung des Verlages und des Autors unzulässig. Dies gilt insbesondere für die elektronische oder sonstige Vervielfältigung, Übersetzung, Verbreitung und öffentliche Zugänglichmachung.

Widmung

Dieses Buch ist all denjenigen gewidmet, die glauben keine finanzielle Möglichkeit zu haben, denjenigen, die sagen „Ich kann das nicht" und all denjenigen, die den Mut haben, ihre Träume zu verwirklichen.

Vorwort

Mit diesem Buch möchten wir darauf hinweisen und den Mut entfachen, dass finanzielle Bildung einfacher ist, als man es denkt. Wir werden darauf eingehen, wie es möglich ist, dass ein 16-jähriger Teenager bereit ist zu lernen, wie man mit Geld umgeht und wie er sein Interesse dafür weckt.

Wir zeigen und erklären an ganz einfachen Beispielen, wie man mit 16 Jahren seine Vision für sein Leben ausrichtet. Denn es kann nicht sein, dass ein Teenager schon bereit ist, Geld zu sparen und sich in diesen Bereichen weiterzubilden, Ideen für Unternehmen zu entwickeln, während viele erwachsene, arbeitende und gut verdienende Menschen sagen, sie können es nicht.

Selbstverständlich ist dieses Buch auch ein Maßstab für weitere Jugendliche, die ihre Träume und ihr Leben leben wollen und für welche, die ein lebensechtes Beispiel als Motivation brauchen.

Wir wollen das Klischee aufräumen, dass Jugendliche gebunden sind und angeblich keine finanziellen Möglichkeiten haben.

Natürlich richtet sich dieses Buch nicht nur an Jugendliche und Kinder, sondern auch an jeden Erwachsenen, der bereit ist sich etwas von einem Teenager abzugucken.

Leider ist es nicht standardmäßig gegeben, dass man im deutschen Schulsystem finanzielle Bildung erlernt, den Umgang mit Geld trainiert oder dass man lernt, wie man ein Unternehmen aufbaut. Und aus diesem Grund haben wir dieses Buch verfasst.

Inhalt

Kapitel 1

Ich bin ein vollkommen normaler 16-jähriger Teenager, gehe zur Schule, mache meinen Sport und habe ganz normale Hobbys wie jeder andere auch. Aber eines unterscheidet mich grundsätzlich von anderen Jugendlichen. Das ist das Thema Geld und Wohlstand, mit dem ich mich bereits lange beschäftige. Ich habe aus diesem Grund schon früh angefangen, mein eigenes Geld zu verdienen und mir meinen Wohlstand aufzubauen. Die Reichen faszinieren mich seit Langem immer wieder wegen ihrer Freiheit und da habe ich gemerkt, das will ich auch. Darum arbeite ich nach der Schule und verdiene mein eigenes Geld. Es gab bei mir die Möglichkeit, dass ich bei meinen Nachbarn arbeiten kann. Hier jetzt auch schon ein Beispiel von uns wie man Geld verdienen kann: „Man kann zu seinen Nachbarn gehen und Ihnen anbieten sonntags die Brötchen vom Bäcker zu Ihnen nach Hause zu liefern." Man sollte sich bei diesen Angelegenheiten darauf konzentrieren, was man kann und nicht darauf was man nicht kann. Mit 13 kann man nicht viele Dinge. Um bei dem Beispiel mit den Brötchen zu bleiben; „Was kann und was habe ich?"-ich habe Nachbarn, habe ein Fahrrad und kann dieses fahren. Also brauch ich mir bloß noch überlegen welchen Nutzen meine Nachbarn daraus ziehen können. Somit wachsen und entstehen Gelegenheiten, die man lediglich zu greifen braucht. Ich denke, jetzt ist es deutlich, dass man auch schon in sehr frühen Jahren Geld erwirtschaften kann. Aber Geld verdienen, ist eine Sache und Geld behalten eine andere. Was macht man nun mit dem verdienten Geld? Wenn ich alles auf den Kopf haue, (wahrscheinlich nur für Zeugs das „cool" ist) habe ich keine Möglichkeit, Reich zu werden.! Der richtige Weg ist zu lernen, was ich mit dem Geld mache. Und am besten kann man das Lernen von den Menschen, die bereits reich sind. Also habe ich an einem Coaching zum Thema Reichtum und Wohlstand teilgenommen.

Ich bin bereit, zu lernen, was Geld ist und wie Geld funktioniert. Viel Unterstützung bekomme ich dabei von meinem besten Freund und Coautor dieses Buches. Gemeinsam haben wir einen sehr vermögenden und finanziell intelligenten Coach gesucht und gefunden.

Viele Jugendliche „hängen einfach nur ab" und haben keine Gedanken daran, was sie selbst verändern können und in der Hand haben. Das kommt aber auch davon das diese Teenager nicht wissen, wie das funktioniert, da Sie keine Beispiele haben. Wir geben mit diesem Buch nur eine Richtung und zeigen den Weg. Gehen muss aber jeder diesen für sich selbst. Und anfangen kann man am besten, indem man es einfach TUT!

Anstatt in einer Gruppe zu diskutieren, wer die beste Kleidung hat, wäre es schon mal ein Anfang darüber zu sprechen (vielleicht ja auch mit seinem besten Freund) wie man Geld verdienen kann. Beraubt euch nicht eurer Möglichkeiten, nur, weil es heutzutage „modern" ist der Masse zu folgen.

Glaubt an euch selbst!

Und schon wachsen Ideen, die ihr möglicherweise vorher gar nicht wahrgenommen habt. Folgt eurer Intuition und zieht es durch.

Natürlich ist das noch nicht alles, was man lernen kann. Je mehr man bereit ist ständig zu lernen und sich immer weiter zu verbessern, umso erfolgreicher wird man selbst.

Wir sprechen hier übrigens nicht vom langweiligen, stressigen lernen in der Schule; sondern wir reden davon mit Spaß und Effektivität zu lernen. Wenn ihr es schafft eure Gedanken auf Geld, Reichtum und Wohlstand zu fokussieren dann ändern sich gleichzeitig eure Gelegenheiten, mehr Geld zu verdienen. Und mehr Geld zu verdienen bedeutet auch, wieder mehr Geld behalten zu können. Später erklären wir noch genau, wie man das anstellt.

Also, ihr seht es ist auch für Jugendliche einfacher als man denkt. Ich sage nicht, dass mir hier alles in den Schoß fällt, ja manchmal ist es sogar anstrengend alles unter einem Hut zu bekommen. Genau für solche Momente habe ich meine größten Träume und Ziele aufgeschrieben und mit Bildern bearbeitet, damit ich mir das immer vor Augen halten kann und nicht aufgebe. Das Prinzip ist ganz einfach, wenn man es erst mal verstanden hat: Wir haben jederzeit eine Wahl und setzen immer die eigenen Segel in unserem Leben!

Dass, was ich euch weiter oben erklärt habe, ist schon der 1. Schritt zum Unternehmertum. Inzwischen ist meine Arbeit sogar auch so gut gewachsen, dass ich mein Einkommen steigern konnte. Die Erwachsenen reden von einer Gehaltserhöhung. Auch das ist für uns möglich. Ich denke, dass wichtigste für uns ist, dass es auch sehr viel Spaß bereitet für sich und seine Träume, sein Geld verdienen zu können.

Nachdem ihr jetzt einen Eindruck von mir bekommen habt, dürft ihr selbst entscheiden, ob ihr dieses Buch weiterlest; ob es euch gefällt, was ich sage und ob ihr bereit seid über diese Worte nachzudenken.

Kapitel 2

Glaubenssätze

Die Kunst, pubertierende Gedanken auf Geld, Reichtum und Wohlstand zu fokussieren

Eine Sache, die man ebenfalls verändert, sind seine Glaubenssätze; unser Coach sagt dazu: „Glaubenssätze sind die Geschichten, die wir über Geld kennen und hören und für wahr halten". Geschichten, die wir immer von unserem Umfeld erfahren. Natürlich hat jeder Mensch gewisse Glaubenssätze. Solche Sätze wie: „Über Geld spricht man nicht; Geld ist etwas Schlechtes" und der Klassiker „Das kann ich mir nicht leisten". Solche Geschichten sind nicht dem Reichtum förderlich.

Zum letzten Satz möchten wir noch hinzufügen: (ähnlich wie, was kann ich; was habe ich?) Anstatt zu sagen das kann ich mir nicht leisten, sollte man sich viel eher die Frage stellen: „**WIE** kann ich es mir leisten!" Diese Vorgehensweise ist schon der erste Schritt seine Glaubenssätze zu ändern und ermöglicht uns auch direkt über Gelegenheiten, Geld zu verdienen, nachzudenken. „Auf gut Deutsch" bedeutet das: Wir zwingen unseren Denkapparat zu arbeiten. Das Gute daran ist, wir können lernen unsere Glaubenssätze neu auszurichten.

Auch meine Glaubenssätze waren nicht immer für mich passend ausgerichtet. Ich habe nicht damit gerechnet, dass meine Gedanken so wichtig! sind um sich finanziell zu verändern. Inzwischen stelle ich mir immer vor, wenn ich schlechte Glaubenssätze höre, dass ich mir einen Regenschirm aufmache und diese nicht förderlichen Gedanken an mir ab prasseln, wie der Regen auf dem Schirm. Natürlich ist das kein Ersatz dafür, dass man an seinen Glaubenssätzen arbeitet, aber es ist eine Hilfe, damit ihr diese Dinge bewusst wahrnehmen könnt.

Jetzt haben wir dieses Kapitel „Die Kunst pubertierende Gedanken auf Geld, Reichtum und Wohlstand zu fokussieren" benannt. In vielen Fällen drehen sich die Gedanken bei 16-jährigen um Party, Coolness, und all den anderen Sachen. Um daran arbeiten zu können seine Gedanken zu ändern, kann man sich positive Glaubenssätze aufschreiben und diese an Orte kleben, wo man jeden Tag hinschaut. Eine weitere gute Stütze (gerade, wenn es um Party geht) ist es sich ganz bewusst zu überlegen oder vorzustellen, was mir mein 15 Jahre älteres Ich, in dieser Situation raten würde.

Wir sagen nicht, dass es falsche oder richtige gibt; natürlich darf auch nach wie vor jeder seine eigene Meinung haben. Wenn man allerdings auf seiner Meinung und auf seinen vorherigen Glaubenssätzen beharrt, dann ist dieses Buch nicht das richtige für diese Person. In dem Fall darf es sofort an die Seite gelegt werden. Aber möchte man seine Glaubenssätze ändern, so gibt es hilfreiche und nicht hilfreiche Glaubenssätze.

Hier mal ein paar förderliche Gedanken dazu:

- *Ich bin finanziell frei*

- *Ich bin Reich und glücklich*

- *Ich ziehe Geld an wie ein Magnet*

- *Mit Geld kann man viel Gutes bewirken*

- *Ich vertraue mir und meinen Fähigkeiten*

- *Ich bin dankbar*

- *Ich lebe meinen Traum*

- *Ich weiß das ich Gelegenheiten, Geld zu verdienen, finde und diese nutze*

Um herauszufinden, welche Glaubenssätze ihr habt, betrachtet euch etwas genauer:

- Wie behandelt ihr selbst das Thema Geld und Wohlstand? - (Welche Handlungen und welche Emotionen kommen auf)

- Wie geht euer Umfeld mit Geld um? –

- Ist Geld ein ständiger Kampf oder ein Zeichen von Frieden? –

Natürlich gibt es noch viel mehr positive Glaubenssätze, die ihr nutzen könnt. Die hier aufgelisteten sind nur meine Lieblinge. Aber der stärkste ist:

- Ich liebe Geld

Ja, wir reden ganz klar von Liebe. Denn wenn wir etwas lieben, dann möchten wir es absolut dringend haben. Und natürlich bezieht sich das auch aufs Geld. Und ganz nebenbei ist Liebe die intensivste Emotion und die stärkste Kraft, die wir Menschen aufbringen können.

In diesem Kapitel gehen wir ganz bewusst immer wieder auf das Wort „Glaubenssätze" und auf die Dringlichkeit ein. Wir wünschen uns vom ganzen Herzen, dass es klar wird, wie wichtig die richtigen Gedanken und die Glaubenssätze für Geld, Reichtum und Wohlstand sind.

Glaubenssätze sind wie die Tischbeine eines Tisches; ohne sie ist der Tisch nur eine Platte, quasi eine Meinung. Nur durch die Tischbeine bekommt die Meinung; der Glaubenssatz, die Stabilität.

Wir sind sogar bereit, zu sagen, dass dieses Kapitel das Wichtigste ist, bevor wir uns den Handlungen widmen. Nur wenn wir wirklich verstehen, dass Geld verdienen und (viel wichtiger!!!) Geld behalten, zuerst bei unseren Gedanken beginnt, dann sind wir auch bereit dazu unsere Glaubenssätze zu ändern.

Um die Worte unseres Coaches zu benutzen: „**Än-
dere deine Glaubenssätze und du änderst dein
Leben!**" Wir können nicht erwarten das sich unser Leben oder unsere Situation ändert, wenn wir
nicht bereit sind uns zu ändern. Jetzt sprechen wir
so viel von Veränderung, da kann man ja denken,
dass man gar nicht mehr man selbst ist.

Aber im Gegenteil, wir können unseren Glauben
ändern aber dennoch wir bleiben. So wie jeder
Mensch normale Tagesabläufe ins Leben inte-
griert hat, genauso kann auch jeder diese, zur Gewohnheit gewordenen Programme jederzeit um-
wandeln.

Ein Fallbeispiel eines guten Freundes: Er „trig-
gert" sich; er programmiert sich selbst mithilfe eines Gummiarmbandes, an das er zupft und es auf
den Arm zwicken lässt. Das macht er jedes Mal,
um sich der Situation bewusst zu werden, dass er
in diesem Augenblick nicht förderliche Gedanken
oder Glaubenssätze hat. Dieses zwicken erinnert
ihn dann wieder daran.

Es wird also deutlich, dass dieser Prozess; seine
Glaubenssätze auf Erfolg, Reichtum und Wohlstand auszurichten gar nicht so schwer ist, wie es
zu Beginn den Anschein gemacht hat.

Wir müssen an dieser Stelle aber ganz klar sagen,
dass man nicht über Nacht Millionär wird, nur
weil man mal etwas von Glaubenssätzen gehört

hat und ein paar Positive für sich raussucht. Darauf ist dieses Buch nicht ausgerichtet und es ist dann auch nicht sehr seriös, wenn wir solche Versprechungen machen. Trotzdem möchten wir aber auch dazu sagen, dass ihr euch auch (oder gerade) **mit** den Gedanken die Grenzen selbst setzt. Schon Henry Ford hat erkannt:

„Ob du denkst, du kannst es, oder du kannst es nicht, in beiden Fällen hast du Recht."

Jetzt könntet ihr ja sagen, dass ich ein totaler Überflieger bin, dem immer alles gelingt. Ganz egal was ich anpacke, da wird Gold draus.

– Nein! - Das ist nicht so!

Auch ich arbeite immer weiter daran, dass ich meine Glaubenssätze positiv ausrichte und dabei hilft mir mein bester Freund sehr. Er erkennt, wenn ich nicht hilfreiche Gedanken und Glaubenssätze habe, und hilft mir dann, diese auszuwechseln.

Deswegen ist es für euch auch von Vorteil, wenn ihr jemanden habt, mit dem ihr auch eine eigene Unternehmung aufbaut; einen Geschäftspartner, mit dem ihr zusammen Geld verdienen möchtet. Und schon gelingt es viel einfacher. Erinnert euch gegenseitig an diese hilfreichen Glaubenssätze. Denkt gegenseitig wie reiche Menschen.

Wenn ihr das so umsetzt; (gerade in Bezug mit einem Geschäftspartner;) dann werdet ihr überrascht feststellen, wie oft man anfangs, tatsächlich seine Gedanken in eine nicht hilfreiche Richtung bewegt. Aus diesem Grund ist es zu zweit leichter.

Dieses Thema „Glaubenssätze" wird leider nicht in den deutschen Schulen unterrichtet. Das liegt daran, dass Glaubenssätze nicht bekannt waren, als das absolut veraltete Schulsystem und die Schulreform gegründet wurde. Wenn wir Reich werden wollen, müssen wir Dinge lernen, die es nicht in der Schule gibt.

Nachdem wir das alles besprochen haben, macht es Sinn, dass wir aufpassen, womit wir unseren Kopf füttern. Es gibt einige sehr gute Bücher vom Finanzbuchverlag (FBV). An der Stelle dürfen wir auch das Buch „Denke nach und werde Reich" von Napoleon Hill empfehlen.

Wir haben nun gemeinsam verstanden, was Glaubenssätze überhaupt sind und warum diese so wichtig sind. Nun muss euch klar werden, dass die Entscheidung bei euch liegt, welche Glaubenssätze ihr für wahr halten möchtet und welche ihr wählen oder ändern wollt.

Kapitel 3

Handlungen für Reichtum und Wohlstand

Bevor wir auf die Handlungen eingehen, die man unternimmt, wenn man Reich werden will, möchten wir sagen, dass die folgenden Worte und Taten nicht unsere Gedanken sind, sondern dass wir das von unserem Coach gelernt haben. Und in diesem Zuge möchten wir auch direkt die Worte unseres Coaches weitertragen und mit einer kleinen Geschichte beginnen:

Ein Bauer ging in seinen Gänsestall und wollte sein Frühstücksei holen. Als er dort ankam, sah er im Nest ein goldenes Ei. Der Bauer dachte anfangs, man möchte ihm einen Streich spielen und ging mit dem Ei zum Juwelier. Der Juwelier bestätigte aber, dass, das Ei echt ist und so verkaufte der Bauer dieses goldene Ei. So ging das jeden Morgen weiter. Sein Wohlstand wuchs, aber auch die Habgier des Bauern. Seine Gedanken drehten sich immer wieder darum, warum die Gans nur ein Ei pro Tag legt und warum sie es nicht schneller schafft. Er wurde so rasend in seinen Gedanken, dass er in den Stall lief, sich ein Buschmesser schnappte und spaltete die Gans in zwei Hälften. Was der Bauer dort dann sah, war ein in der Entstehung befindliches, kleines, goldenes Ei. Und die Moral von der Geschicht; töte deine Gänse nicht. In dieser Geschichte steht die Gans für Kapital und die Eier für Zinsen.

Unser Coach hat uns gelehrt, dass nicht das verdiente Geld uns reich macht, sondern unser behaltenes Geld. Und am besten können wir das Geld mit Systemen behalten. Wir müssen also lernen zu sparen. Aber sparen an sich, klingt so negativ belastet. Also einigen wir uns doch darauf, zu sagen, dass wir uns selbst zuerst bezahlen. Indem wir anfangen, uns als Erstes zu bezahlen, lernen wir, dass Geld für uns viel mehr zu schätzen. Am einfachsten geht das „sich zuerst zu bezahlen", indem man lernt das Geld aufzuteilen. Wir haben das Kontenmodell von unserem Coach gelernt und möchten es hier weitergeben.

Zunächst erklären wir es euch einfach „schriftlich". Anschließend erklären wir das ganze anhand einer Grafik.

Das Kontenmodell ist ganz simpel, aber effektiv: Von jedem Geld; oder wenn ihr so weit seid, dass ihr schon eine Unternehmung habt; von jedem Einkommen, das ihr verdient, packt ihr 20 %; wenn das noch nicht ganz möglich ist, mindestens aber 10 %; auf ein separates Sparkonto. Dieses Sparkonto wird eure Gans aus der obigen Geschichte. Diese Gans mag jedoch nur eine Sorte Futter und das ist Geld. Also füttert ihr eure Gans regelmäßig zum Monatsanfang, mit den fest vereinbarten 20 % (oder 10 %) und eure Gans wird mit der Zeit fetter und fetter. Im übertragenden Sinne natürlich; euer Kapital wird größer und größer. Nun wird man von 20 % Sparen leider nicht reich. Jetzt fragt ihr euch, „warum soll ich es denn überhaupt machen, wenn es scheinbar keinen Erfolg hat." „Warum dann die ganze Mühe?" Es gibt hierbei einen Trick, der uns doch zum Erfolg verhilft:

Wir haben anfangs auch von meiner Gehaltserhöhung gesprochen. Von jeder Gehaltserhöhung legen wir 50 % auf das Sparkonto, dadurch verdoppelt sich unsere Sparquote und mit den anderen 50 % können wir ganz bequem unseren Lebensstandard erweitern. Und dadurch werden wir Reich.

Macht euch dabei bitte keine Gedanken, wie klein der Betrag anfangs möglicherweise sein kann. Wenn ihr diese Methode anwendet, trainiert ihr euer Unterbewusstsein darauf, dass ihr es euch Wert seid, euch selbst zuerst zu bezahlen. Außerdem könnt ihr so direkt schon Reich beginnen. Und es fühlt sich auch noch super an, denn es macht enorm viel Spaß.

Zu dem Kontenmodell gehört allerdings auch ein Spaßkonto. Auf dieses Spaßkonto bezahlt ihr euch 10 % des Einkommens. Dieses Spaßkonto, das ist dafür da, dass ihr dieses Geld, welches drauf ist ganz frei und ohne bedenken ausgeben könnt. Wenn ihr euch etwas kaufen wollt, (etwas was man sich sonst nicht gönnt) schaut nach, wenn dafür genug Geld vorhanden ist, gebt es aus. Wenn nicht, dann wartet noch etwas. Und dieses System macht ihr euch zur festen Gewohnheit. Jetzt höre ich schon den Einwand, „ich habe noch kein eigenes Konto."

Macht gar nichts.!

Sobald ihr Geld bekommen habt; sei es euer Taschengeld oder euer Einkommen, dann zieht ihr davon die Prozentanteile für das Sparkonto und das Spaßkonto ab und legt dieses Geld in eine Geldkassette. (Ich weiß, wovon ich rede, denn ich habe es 9 Monate so durchgezogen)

Wichtig ist auch hierbei nur, dass ihr anfangt und es wieder „EINFACH TUT." Wenn ihr dann ein Konto eröffnen könnt, sagt ihr, dass ihr zu eurem Konto zwei Unterkonten eröffnen wollt und setzt einen Dauerauftrag an, mit dem ihr zu jedem Monatsanfang automatisch dieses Geld überweist. Zugegeben, das klingt jetzt viel komplizierter, als es eigentlich ist. Aber wenn wir gleich bei der Grafik angekommen sind, wird es deutlicher.

Dass wir das Sparkonto über einen Dauerauftrag bearbeiten, hat den Grund das es automatisch passiert und wir uns nicht Monat für Monat darum kümmern müssen, es läuft automatisch; wir aktivieren einen Automatismus. Wenn wir diesen Automatismus ausschalten, laufen wir Gefahr, dass wir nicht mehr sparen. Damit würde das ganze

System zusammenbrechen und im Endeffekt war alles umsonst für uns.

So einfach.!

Wir haben anfangs ja schon erklärt, dass es absolut notwendig ist, zu sparen, genauer gesagt, dass wir uns selbst zuerst bezahlen. Kommen wir also nun zu der Grafik, damit es ganz leicht verständlich wird.

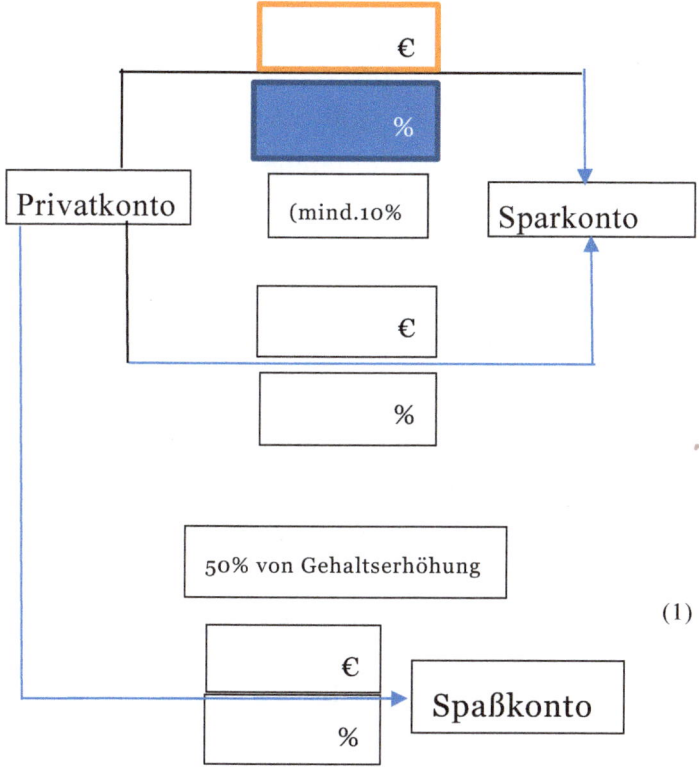

€

%

Privatkonto

(mind.10%

Sparkonto

€

%

50% von Gehaltserhöhung

(1)

€

Spaßkonto

%

(1)   Eigene Darstellung nach Bodo Schäfer. Die Quellen beziehen sich auf Bodo
      Schäfer, seinem Chancen-Planer und die Bodo Schäfer Akademie.

Hier sehen wir unser Privatkonto, das Sparkonto und das Spaßkonto. Von unserem Privatkonto gehen die vereinbarten Prozente auf das Sparkonto.

Darunter befinden sich die 50 % Gehaltserhöhung, welche auch in das Sparkonto fließen. Und nicht zu vergessen, die vereinbarten Prozentanteile, die auf das Spaßkonto fließen.

Nun ist es sicherlich viel leichter zu verstehen und noch leichter umzusetzen. Wenn wir sowieso den Automatismus einsetzen und den Dauerauftrag aktiviert haben, dann läuft das Modell von selbst. Wichtig ist nur, dass wir uns als Erstes bezahlen und nicht zuletzt. Deswegen muss der Dauerauftrag zum Monatsanfang aktiviert werden.

Wenn dieses System in den Deutschen Schulen unterrichtet werden würde, so würde sich diese „sogenannte Schere zwischen Arm und Reich" viel weiter schließen können. Dank diesem Schulsystem habe ich einstudiert, wie ich in kürzester Zeit etwas auswendig lernen kann und dieses Wissen in Sekunden für einen Test aufs Papier bringen kann. Mir wurde beigebracht, wie man still und einfach dem System folgt, ohne Fragen zu stellen. Meine eigene, Individuelle Persönlichkeit, hatte keine Chance, sich in diesem Schulsystem zu entfalten um derjenige zu werden der ich sein kann. Ich habe gelernt, dass Fehler machen, etwas Schlimmes ist, weil immer nur gezeigt wird, was man falsch gemacht hat, anstatt sich auf das zu konzentrieren, was richtig und gut gemacht wurde. Es wurde mir antrainiert, dass ich keine Fehler machen darf, denn sonst bin ich schlecht. Da möchten wir ganz klar einwerfen; Fehler sind nur dann schlimm, wenn wir nicht aus diesen lernen. Ansonsten sind Fehler eine hervorragende Art um uns zu verbessern und zu entwickeln.

Fakt ist, es ist nicht jeder Mensch gleich. Im Schulsystem wird aber jeder gleichbehandelt, Hauptsache der Norm wird gefolgt. Das Schulsystem ist komplett veraltet und gehört überholt! Nun versteht uns bitte nicht falsch, wir sprechen uns nicht gegen Bildung aus; Schule und Bildung ist auch wichtig damit wir lesen, schreiben, rechnen lernen. Aber geht es uns hier bei darum, dass finanzielle Intelligenz ebenso bedeutend ist.

Solche Themen wie dieses Kontenmodell, Glaubenssätze, Glücklichsein, Unternehmertum und Persönlichkeitsbildung sollten auch Teil des Schulsystems werden.

Natürlich ist uns bewusst, dass dadurch trotzdem nicht jeder Unternehmer werden will und das ist auch vollkommen in Ordnung, aber man ist dennoch besser vorbereitet.

Eine weitere wichtige Handlung, die wir gelernt haben, ist das man absolut keine Konsumschulden machen sollte, wenn man wirklich ein Leben in Reichtum und Wohlstand führen will.

Konsumschulden sind in jedem Fall dumm und brechen uns finanziell das Genick, wenn es um unseren Wohlstand geht. Wir reden hier nur von Schulden, die man macht, weil man unbedingt eine neue Wohnungsausstattung haben möchte, sich passend dazu natürlich ein neues Auto in die neu gepflasterte Hofeinfahrt stellen möchte (die natürlich auch über ein Kredit finanziert worden ist) und weil man seiner Liebsten mal was gönnen möchte, kauft man ihr direkt auch ein neues Auto; mit dem Gedanken; „Die Zinsen sind ja günstig". Das ist genau der falsche Weg, um für seinen Wohlstand zu sorgen. Natürlich können sich 15-jährige Teenager kein Auto kaufen (wozu auch?!) und um eine neu gepflasterte Hofeinfahrt brauchen sich diese jungen Menschen natürlich auch keine Sorgen machen; dennoch ist es schon in sehr jungen Jahren wichtig, zu verstehen, wie bedeutend es ist, keine Konsumschulden zu machen. Und vielleicht, ganz vielleicht fühlt sich ja der ein oder andere Erwachsene angesprochen und macht sich bewusst, dass etwas geändert werden muss. Sollten jedoch schon Schulden bestehen, dann empfehlen wir ganz dringend das Buch von **Bodo Schäfer: „Der Weg zur finanziellen Freiheit"**. [1] In diesem Buch geht er ganz leicht verständlich und prima umsetzbar auf das Thema Schulden ein.

(1) Wir empfehlen an dieser Stelle bewusst dieses Buch, da ich mit meinen 16 Jahren Gott sei Dank noch keine Schulden gemacht habe und diese mit diesem Wissen auch nicht brauche bzw. auf mich nehme.

Zum Thema Konsumschulden und Hauskauf möchten wir noch eine im Irrglauben befindliche Begrifflichkeit erklären. Genauer gesagt zwei Begriffe:

Die Begriffe „Verbindlichkeit" und „Vermögenswerte" stehen in gewisser Weise Paradox zueinander. Zunächst einmal kann man das ganz leicht erklären:

- Eine Verbindlichkeit ist etwas, das dir stetig Geld aus deiner Tasche zieht, während der Vermögenswert dir Geld in deine Tasche bringt! -

Das ist die einfachste Definition, auf die wir uns einigen können. Wir wachsen damit auf, dass ein eigens gekauftes oder gebautes Haus der beste Vermögenswert ist, den man haben kann. Das ist so leider nicht ganz richtig, denn das eigene Haus stellt sich als Verbindlichkeit heraus, da dieses Haus immer Geld kostet; **(Geld, das aus deinen Taschen fließt)** sofern man es selbst bewohnt. Und das ist der entscheidende Punkt! Vermietet man es, so wandelt sich dieses Haus in einen Vermögenswert **(Geld, das in deine Tasche fließt)**.

Es ist also bedeutend für unsere finanzielle Intelligenz, das wir verstehen, ob wir in eine wirkliche

Verbindlichkeit oder einen wirklichen Vermögenswert investieren.

Sollte allerdings der Wunsch nach den eigenen vier Wänden bestehen, so sollte man sich dieses Haus erst bauen oder kaufen, wenn man mindestens 50 % Eigenkapital besitzt. Dennoch sollte man die restliche Schuld auch schnell und mit Verstand tilgen können.

Lasst es uns so festhalten: *Konsumschulden sind dumm, unnütze und gefährlich. Begebt euch auf den Weg zum Wohlstand mit Vernunft und Verstand, bildet eure finanzielle Intelligenz immer weiter aus und geht niemals über Konsumschulden zum Wohlstand!!!*

Wir wollen also festhalten, dass es Sinn macht, Geld mit System zu behalten und dass wir uns selbst zuallererst bezahlen.

Aber nun gehört noch ein ganz entscheidender Punkt zu dem Thema Handlungen:

Vielleicht habt ihr schon mal Sätze gehört wie: „Das kannst du nicht." „Warum sollte es dir besser ergehen als mir" „Du und deine Träumereien". Ganz egal welcher Satz gesagt wurde oder von welcher Person.

-Das stimmt nicht!!!-

Ihr könnt immer alles erreichen! Und wenn ihr Träume habt, dann ist es eure absolute Pflicht, diesen Traum wahr werden zu lassen. Es ist euer und nur euer Leben. Ihr entscheidet euch! „Gebe ich auf oder bin ich es mir Wert mein Leben zu leben, meine Träume zu leben." Wir müssen hier einen Satz korrigieren. Nicht „*wenn ihr Träume habt.*" Sondern jeder Mensch hat seinen eigenen, ganz unterschiedlichen Traum. Dieser Traum, der das Herz höherschlagen lässt, dieser Traum, der die Gänsehaut aufstellt, sobald man nur daran denkt, oder ein Begriff hört, der damit zu tun hat. Dieser Traum; den hat wirklich jeder Mensch, egal ob Teenager, Erwachsener oder Rentner. Niemand hat an dieser Stelle das Recht dazu, euch diese Träume zu verwehren. Fallt hin, steht wieder auf und kämpft weiter, für das, was euer Leben so einzigartig macht.

Hört auf, euch zu beschweren und zu jammern, es ist so hart; und fangt zunächst damit an das Wort „Unmöglich" aus eurem Kopf zu streichen. Macht daraus ein „Möglich". Wenn gesagt wird, ich kann nicht mehr. Meint man damit vielleicht viel eher ein: „Ich will nicht"? Macht euch diese Frage so bewusst, wie ihr es nur könnt.

Wir wollen hier keinerlei Schicksalsschläge oder sonstiges „runterreden" oder lächerlich machen! Aber dennoch haben wir auch dann wieder die

Wahl aufzustehen oder liegenzubleiben. Natürlich hat jeder „sein Päckchen zu tragen". Und jeder hat seine ganz eigene Geschichte, die es Wert ist gelebt zu werden!

Jeder von euch kann Großes erreichen und die Welt eines jeden einzeln verändern! Nutzt diese Gabe, die jeder Mensch hat. Aber fangt an, an euch zu glauben. Fangt an euren eigenen Weg zu kreieren. Hört auf euer Herz und folgt diesem! Unser Appell an euch: Bestimmt euer Leben, seid nicht fremdgesteuert. Geht durch Höhen und Tiefen, aber gebt niemals auf. Vor allem nicht, wenn der Körper euch vorgaukeln möchte, dass ihr keine Kraft mehr habt. Das sagt nur der Körper. Euer Herz und euer Verstand haben immer die Kraft!

- Glaubt an Euch! -

- Glaubt an eure Fähigkeiten! -

- Vertraut eurem Herzen! –

Tut, dass wobei ihr euch wohlfühlt. Natürlich wird euch niemand zu eurem Erfolg tragen oder euch euren ganz persönlichen Erfolg schenken.

Ihr habt es mit jedem Tag, jeder Entscheidung und jeder Situation selbst in der Hand.

Lasst euch von niemanden einreden, dass ihr etwas nicht könnt!

Schreibt euch auf, was ihr im Leben wollt, eure Ziele, eure Träume, macht euch mit Bildern eine Collage draus. Lebt euer Leben so, wie ihr es wollt. Aber bleibt euch selbst treu. Wenn ihr an euch und euren Traum glaubt, gibt es nichts, dass euch aufhält!

Arbeitet an euch, wachst und entwickelt euch weiter. Macht Fehler, lernt daraus, macht weitere Fehler, aber lasst euch nie Unterkriegen! Das seid ihr euch und eurem Leben schuldig. Denn vergesst nie:

- „Der wichtigste Mensch in deinem Leben, das bist **DU selbst!**"-

Auch wenn das für manche Erwachsene egoistisch klingen mag, ist das dem Egoismus aber am weitesten entfernt. Nur für die Erwachsenen, die jetzt laut aufschreien, dass die eigenen Kinder die wichtigsten Menschen sind; überlegt euch zum Verständnis einfach; wie können eure Kinder glücklich sein, wenn ihr es nicht seid, weil ihr z. B. den falschen Job habt und ständig darüber meckert. Was gibt ihr euren Kindern dann mit? Ihr müsst begreifen, dass es euer Leben ist und man nicht nach der Meinung und der Erlaubnis der anderen Leben sollte. Nur ihr selbst seid in der Lage euer Leben zu verändern und zu verwirklichen.

Wir sagen es nun so deutlich, wie es nur geht, denn in unseren Augen ist das absolut wichtig: Hört auf zu jammern und fangt an zu kämpfen. Kämpft für das, was euch wirklich wichtig ist und wachst über euch hinaus!

Noch einmal: Wir wollen keine Situation, in der man sich möglicherweise befindet lächerlich machen, im Gegenteil. Wir wollen hier den großen Appell, den Weckruf starten, dass jeder für sich selbst begreift, dass man immer etwas ändern kann. Wir verstehen auch, dass es nicht immer leicht ist, wieder aufzustehen. Am Boden bleiben ist manchmal leichter. Aber dadurch wird unser Leben nicht besser!

Wir entscheiden uns, ob wir den einfachen oder den richtigen Weg gehen. Aber der richtige Weg ist nicht immer einfach. Es ist alles nur eine Entscheidung entfernt!

Ich bin erst 16 Jahre alt, aber ich habe verstanden, dass es immer nur an mir liegt. Ich habe verstanden, dass ich immer die Wahl habe. Ich bin bereit für mein Leben aufzustehen und etwas zu verändern. Wenn ich das mit 16 Jahren kann, dann kann das auch jeder Erwachsene, jede Frau, jeder Teenager und auch jeder Rentner! Davon sind wir fest überzeugt!

Aber; und das ist ein großes Aber; die Entscheidung etwas zu verändern, muss von jedem Einzelnen selbst kommen. Genau wie bei jeder Diät oder

Therapie der Gedanke bei dem „betroffenen" im Kopf erst „klick" machen muss. Der Einfluss von außen hilft vielleicht kurzfristig, bevor man den Jo-Jo-Effekt spürt. Aber langfristig hilft nur die ganz eigene Entscheidung. Dann hat man auch über Jahre den Erfolg des veränderten Zustandes.

Wenn ihr unsere Worte aufmerksam lest, dann wisst und versteht ihr, dass es möglich ist. Wenn wir es geschafft haben, eure eigene Welt etwas zu verändern, wenn wir es geschafft haben, dass euch unsere Worte zum wirklichen Nachdenken und zum Handeln bewegen, dann haben wir auch die gesamte Welt ein Stück weit besser gemacht. Und dafür lohnt es sich zu kämpfen!

Wir wünschen uns vom ganzen Herzen, dass dieser Appell ganz ganz deutlich geworden ist und ihr beginnt zu handeln!

Kapitel 4

Die Motivation, dieses Buch zu schreiben

Auch wir hatten anfangs nur eine Idee, eine Idee, die auf einer Serviette Gestalt genommen hat. Wir waren auch am überlegen, was wir können und was wir haben. Weil wir aber an uns glauben und auf unsere innere Stimme hören, haben wir gestartet. Wir haben die Möglichkeit die Gedanken eines Teenagers mit den Erfahrungen, eines finanziell gebildeten Menschen zu kombinieren. Und genau das ist es, was dieses Buch einzigartig macht. Und darum wussten wir, dass wir dieses Buch schreiben mussten. Wir sind fest davon überzeugt, dass die heutige Generation diese Tatkraft eines Teenagers unbedingt braucht! Natürlich aber brauchen nicht nur die Jugendlichen diesen Anstoß, sondern auch, und vor allem die, in ihren Gewohnheiten festgefahrenen, Erwachsenen. Dieses Buch ist unser Beitrag dazu, die Welt etwas zu verändern und hoffentlich eine Inspiration für viele weitere Menschen, dieses Wissen umzusetzen. Nicht zu vergessen, ich bin erst 16 Jahre. Ich habe ein Buch geschrieben! Also, welche Ausrede habt ihr? Nachdem wir die Idee hatten, wussten wir auch, dass es unsere Pflicht ist, sie umzusetzen. Wir haben uns zu bestimmten Tagen, immer zur gleichen Zeit, den Termin zum Schreiben fest eingetragen und so konnten wir sehr fokussiert arbeiten.

Dadurch, dass ich inzwischen ein ganz anderes, auf Finanzen und Wohlstand ausgerichtetes Mindset (Glaubenssätze, Einstellung) habe, ist mir aufgefallen wie sehr die Jugendlichen (und auch viele Erwachsene) tatsächlich immer mehr mit Selbstzweifel und immer weniger Tatendrang „ausgestattet" sind.

Heutzutage sind viel zu viele Menschen darauf bedacht, was denn die anderen von einem denken und kommen aus diesem Grund nicht ins Handeln. Auf der anderen Seite hat sich eine „Null Bock- und ist mir eh alles egal"Generation entwickelt. Dass diese Gedanken präsent sind, liegt aber auch an den Erwachsenen. Wenn Jugendliche eine Idee haben, wird diese meist schon im Keim erstickt, weil es heißt: „Sei doch vernünftig". Anstatt dem Menschen zu sagen, dass er dieses oder etwas nicht kann; warum antworten wir dann nicht einfach mal mit: **„Ich glaube an dich. Ich weiß, dass du es schaffen kannst.!"**Es ist also nicht verwunderlich, wenn die Jugendlichen diese Gedanken übernehmen und stattdessen lieber gar nichts tun. Gebt den Kindern, Jugendlichen und anderen Erwachsenen den Glauben an sich selbst zurück! Unterstützt diese Menschen in ihren kreativen Ideen und in deren Individualitäten. Es kommt nicht von ungefähr, dass die Teenager von heute keine Visionen mehr haben. Richtet euer Leben wieder nach Zielen aus.

Wir wollen hier jetzt einen Menschen zitieren, der wirklich sehr viel bewegen konnte, weil er eine Vision hatte und jeden Menschen geliebt hat; Nelson Mandela:

„Jeder Mensch ist dazu bestimmt, zu leuchten! Unsere tief greifendste Angst ist, über das Messbare hinaus kraftvoll zu sein. Es ist unser Licht, nicht unsere Dunkelheit, die uns am meisten Angst macht. Wir fragen uns, wer ich bin, mich brillant, großartig, talentiert, phantastisch zu nennen? Aber wer bist Du dich nicht so zu nennen? Du bist ein Kind Gottes.

Dich selbst klein zu halten, dient nicht der Welt. Es ist nichts Erleuchtetes daran, sich so kleinzu-machen, dass andere um dich herum sich nicht unsicher fühlen. Wir sind alle bestimmt, zu leuchten, wie es die Kinder tun.

Wir sind geboren um den Glanz Gottes, der in uns ist, zu manifestieren. Er ist nicht nur in einigen von uns, er ist in jedem Einzelnen. Und wenn wir unser Licht scheinen lassen, geben wir anderen Menschen die Erlaubnis, dasselbe zu tun.

Wenn wir von unserer Angst befreit sind, befreit unsere Gegenwart automatisch andere. "

Nelson Mandela bei seiner Antrittsrede zum Präsidenten von Südafrika.

Denkt darüber einmal ganz deutlich und intensiv nach und dann werdet ihr unsere Motivation zum Schreiben dieses Buches verstehen.

Denn, einfach so in den Tag hineinzuleben, ohne etwas zu bewegen, ohne ein Ziel zu verfolgen, ist nichts, wonach man streben sollte: Veränderungen bedeutet aufstehen und etwas tun!

Auch ein Erfolgsjournal hat uns bei der Durchführung geholfen. Durch dieses Journal haben wir gesehen, was wir schon erreicht haben. Wir haben ganz einfach jeden Tag mindestens 5 Dinge notiert, die uns an diesem Tag gut gelungen sind; ganz gleich wie klein diese Erfolge auch gewesen sein mögen. Ob wir gelobt worden sind oder jemanden zum Lachen gebracht haben. Ob wir jemanden eine Freude bereitet haben oder eine Aufgabe sehr gut erledigt haben. All diese Dinge sind es Wert aufgeschrieben zu werden. Und so sind wir auch davon überzeugt, dass wir es schaffen dieses Buch zu schreiben.

Wenn wir alle dazu bereit sind, dieses zu begreifen, dann haben wir genau das erreicht, wovon Nelson Mandela geträumt hat! Und mit diesem

Buch sind wir einen Schritt näher dran, diesen Traum zu erfüllen.

Also lasst es uns gemeinsam anpacken und geben wir uns die Erlaubnis zurück, unser Licht wieder scheinen zu lassen.

Zusammenfassung

Lasst uns gemeinsam durchgehen, was wir gelernt haben.

Zunächst einmal kommt es nicht darauf an, wer ihr seid oder woher ihr kommt. Es kommt nicht auf euer Elternhaus an, auf eure Beziehungen oder auf eure Vergangenheit. Es kommt nur darauf an, wo ihr hinwollt. Wie ihr euch selbst entscheidet, euer Leben zu gestalten. Egal ob jugendlich, erwachsen oder Rentner! Das Wichtigste ist, das ihr begreift, dass es sich um euch dreht.

Trefft eine Entscheidung und bleibt dieser treu (in Anbetracht eurer Ziele und eurer Entwicklung). Wenn man das Gefühl hat, es geht nicht weiter; dann gebt nicht auf, sondern macht einfach. Man muss weitermachen. Das seid ihr euch selbst schuldig.

Ich bin 16 Jahre und habe begriffen, dass es mein Leben ist und ich es in der Hand habe. Mir ist bewusst, dass ich mit dem, was ich in der Schule lerne, nicht als Unternehmer zurechtkommen kann, ohne auch finanziell Intelligent zu sein. Ich trainiere und verbessere meinen finanziellen IQ ständig. Und das raten wir euch ebenso. Ich habe begriffen, dass ich lernen muss mich selbst zuerst zu bezahlen, noch vor allen anderen Kosten. Und das mache ich am besten mit einem automatisierten System, in dem ich ein Sparkonto errichte und auch ein Spaßkonto. Auf diese beiden Konten überweise ich mir per Dauerauftrag zu Beginn meines Monats immer wieder eine prozentual festgelegte Summe. Mit diesen beiden Konten werde ich weder habgierig noch geizig.

Dank meiner geänderten Glaubenssätze bin ich mir selbst auch bewusst, dass meine alten Geschichten, mein vorheriges Mindset für mich nicht hilfreich waren. Zumindest sind sie es dann nicht, wenn man Wohlstand aufbauen möchte. Ich habe gelernt, mir und meinen Fähigkeiten zu vertrauen, und steigere mein Selbstvertrauen ständig durch mein Erfolgsjournal. Ich habe meinen Glauben an mich selbst und weiß was ich kann. Hier sei noch mal gesagt, dass Selbstvertrauen nix mit Arroganz zu tun hat. Das bitte nicht verwechseln. Die, die das behaupten sind oftmals nur neidisch darauf, dass es Ihnen nicht so geht; dass sie nicht voller Selbstvertrauen sind. Aber auch das ist nur ein Glaubenssatz. Einen, den sie über sich selbst glauben.

Wir haben dank Henry Ford gelernt, dass egal was wir über uns denken, wir in beiden Fällen recht behalten. Wir haben ganz klar deutlich gemacht, dass es an der Zeit ist aufzustehen und für das zu kämpfen was einem lieb ist!

Und jetzt wollen wir euch so direkt und bewusst fragen, wie es geht:

Wenn ich das mit meinen 16 Jahren kann und schaffe, wieso denkt ihr, dass ihr es nicht könnt?

- Wenn ich es kann, dann könnt ihr es auch!!!- Oder wollt ihr bloß nicht??

Unsere Empfehlungen für euch

Damit ihr eure finanzielle Intelligenz und Bildung richtig trainieren und entwickeln könnt geben wir euch hier unsere besten Empfehlungen für Bücher und Coachings.

Bodo Schäfer: „Ein Hund namens Money" – ein absolut klasse Buch um dieses Thema den Kindern nahe zu bringen. (Und auch wieder natürlich für die Erwachsenen.)

Bodo Schäfer: „Die Gesetze der Gewinner" 30 Gesetze auf den Punkt gebracht, um sein Leben in jede Richtung zu verändern.

Bodo Schäfer: „Der Weg zur finanziellen Freiheit." Ein Spitzen Finanz- und persönlichkeitsbildendes Buch.

Bodo Schäfer: „Rente oder Wohlstand" Für alle, die wissen, dass man sich nicht mehr auf die Rente verlassen kann.

Und wenn man die Wirkung des Geldes in absoluter Tiefe verstehen möchte, dann der Online-Kurs von *Bodo Schäfer: „Wahrer Wohlstand"*

Robert T. Kiyosaki:„Rich Dad, Poor Dad"

Dadurch dass er das Privileg hatte, von zwei Vätern (einen Reichen und einen armen) aufgezogen zu werden, konnte er zwischen Armen und Reichen Glaubenssätzen und Handlungen wählen.

Robert T. Kiyosaki: „Cashflow 101"

Ein hervorragendes Brettspiel für die gesamte Familie, um finanzielle Intelligenz spielerisch zu erlenen.

Robert Kyosaki: „Cashflow Quadrant". In diesem Buch lernt man, das es entscheidend ist, nicht wie viel Geld man verdient, sondern auf welcher Ebene, das entscheidende ist.

Napoleon Hill: „Denke nach und werde Reich".
Das Urgestein unter den Finanzbüchern.

Schlusswort

Wir hoffen, euch hat das Lesen genauso viel Spaß gemacht, wie uns das schreiben. Ihr dürft nun frei heraus entscheiden, was ihr aus diesem Buch für euch umsetzen möchtet. Dabei wünschen wir euch viel Freude und viel Erfolg.

Macht was draus!

Besonders bedanken möchten wir uns bei Bodo Schäfer, denn ohne sein Wissen wären wir niemals in der Lage dazu gewesen, dieses Buch zu verfassen.

Ein weiterer, ganz besonderer Dank, geht an das Fotowerk Vechta, welches mit ihrem kreativen Einsatz und wunderbar persönlichen Stil unser Buchcover einzigartig gemacht hat.

Wir möchten uns auch bei jedem einzelnen bedanken, der namentlich nicht erwähnt ist, aber immer hinter uns steht!

Zeitfracht Medien GmbH
Ferdinand-Jühlke-Straße 7
99095 Erfurt, Deutschland
produktsicherheit@kolibri360.de